123 Trace and Learn Numbers Fun for Little Ones

This Book Belongs To:

....

....

....

TRACE THE NUMBER

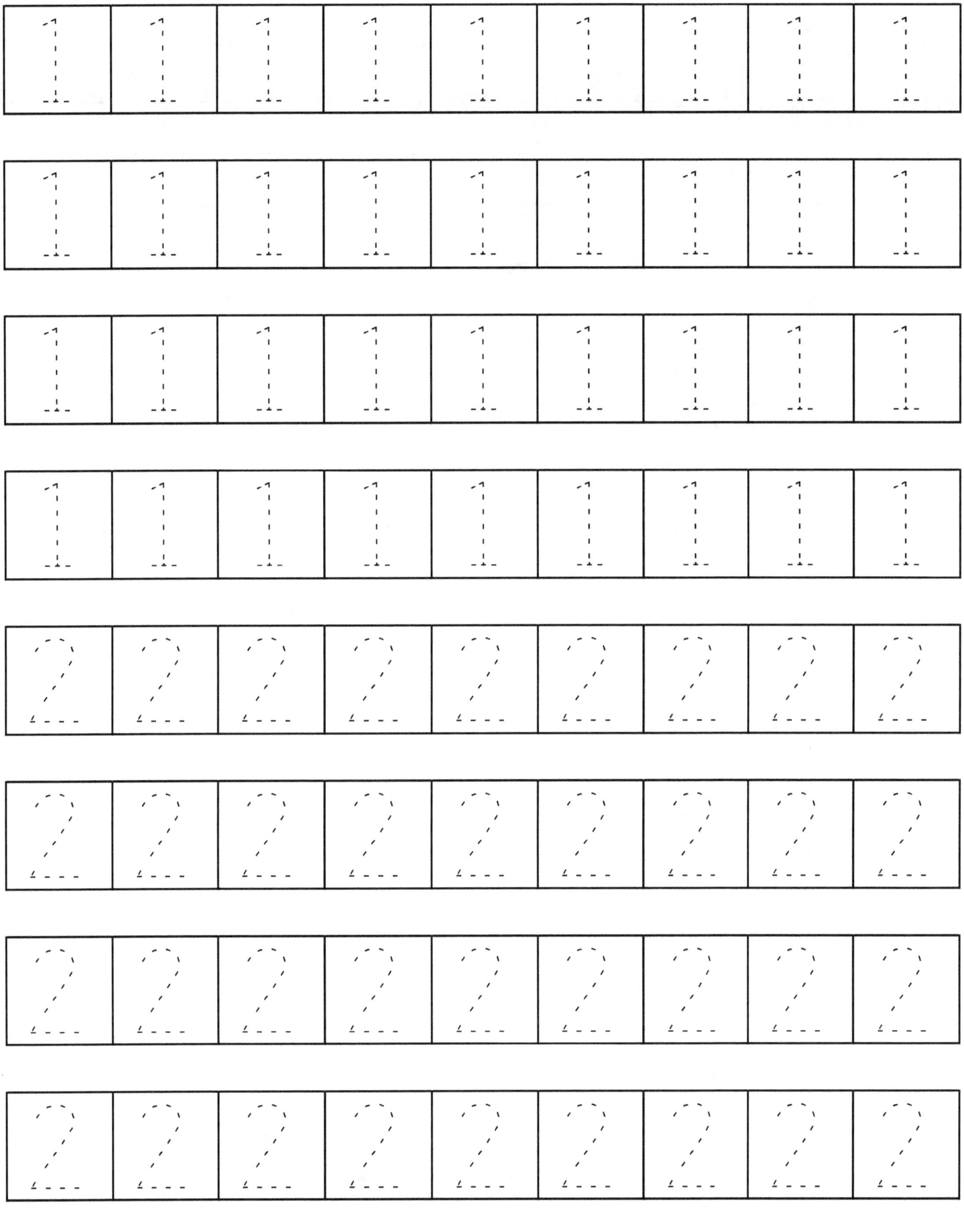

TRACE THE NUMBER THEN WRITE THE NUMBER

1 1 1 1 1 1 1 1

1 1 1 1 1 1 1 1

2 2 2 2 2 2 2 2

2 2 2 2 2 2 2 2

TRACE THE NUMBER

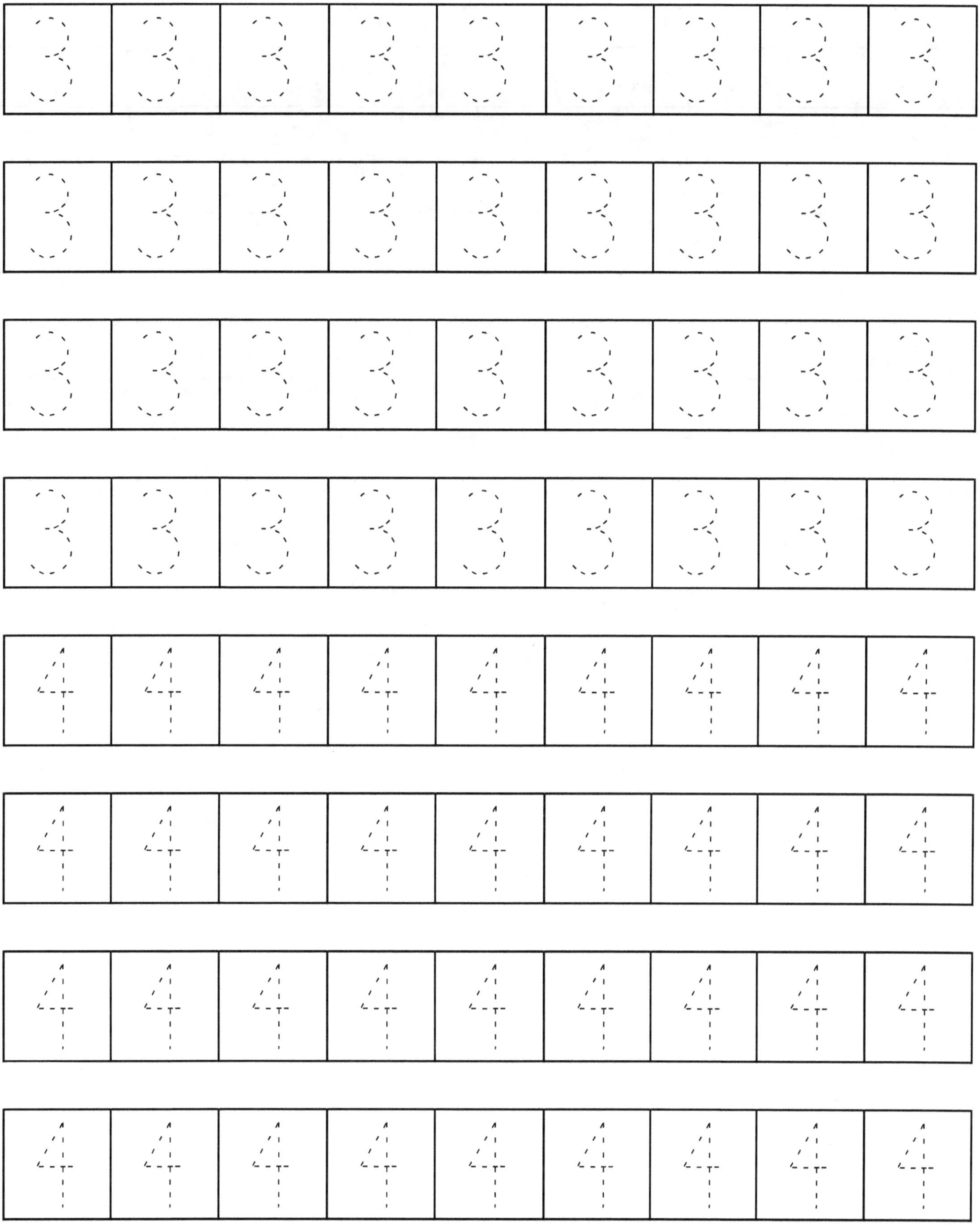

TRACE THE NUMBER THEN WRITE THE NUMBER

TRACE THE NUMBER

TRACE THE NUMBER THEN WRITE THE NUMBER

5 5 5 5 5 5 5 5

5 5 5 5 5 5 5 5

6 6 6 6 6 6 6 6

6 6 6 6 6 6 6 6

7

TRACE THE NUMBER

8

TRACE THE NUMBER THEN WRITE THE NUMBER

7 7 7 7 7 7 7 7

7 7 7 7 7 7 7 7

8 8 8 8 8 8 8 8

8 8 8 8 8 8 8 8

9 **TRACE THE NUMBER** 10

9	9	9	9	9	9	9	9	9
9	9	9	9	9	9	9	9	9
9	9	9	9	9	9	9	9	9
9	9	9	9	9	9	9	9	9
10	10	10	10	10	10	10	10	10
10	10	10	10	10	10	10	10	10
10	10	10	10	10	10	10	10	10
10	10	10	10	10	10	10	10	10

TRACE THE NUMBER THEN WRITE THE NUMBER

9 9 9 9 9 9 9 9

9 9 9 9 9 9 9 9

10 10 10 10 10 10 10 10

10 10 10 10 10 10 10 10

11

TRACE THE NUMBER

12

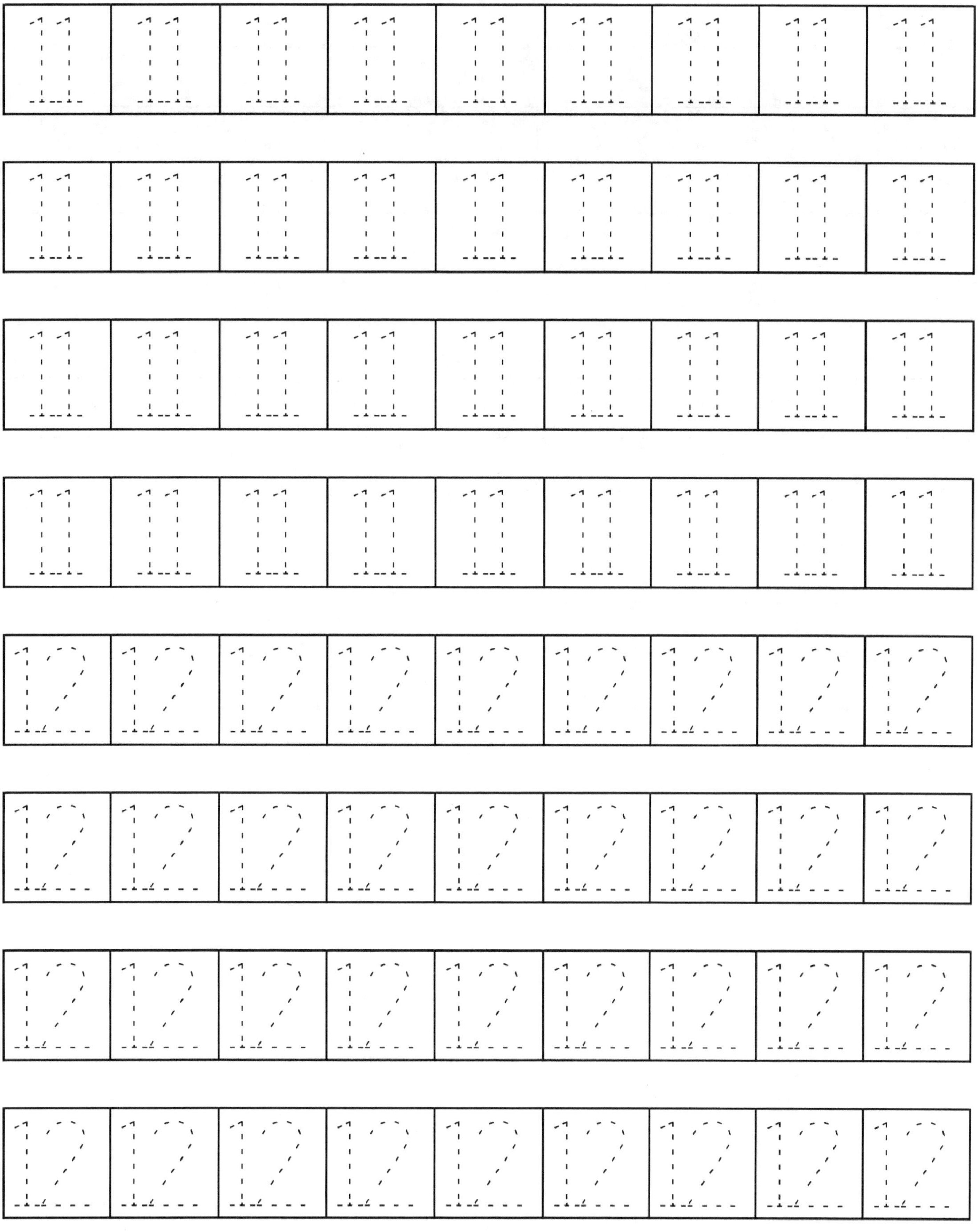

TRACE THE NUMBER THEN WRITE THE NUMBER

11 11 11 11 11 11 11 11

11 11 11 11 11 11 11 11

12 12 12 12 12 12 12 12

12 12 12 12 12 12 12 12

TRACE THE NUMBER

13	13	13	13	13	13	13	13	13
13	13	13	13	13	13	13	13	13
13	13	13	13	13	13	13	13	13
13	13	13	13	13	13	13	13	13
14	14	14	14	14	14	14	14	14
14	14	14	14	14	14	14	14	14
14	14	14	14	14	14	14	14	14
14	14	14	14	14	14	14	14	14

TRACE THE NUMBER THEN WRITE THE NUMBER

13 13 13 13 13 13 13 13

13 13 13 13 13 13 13 13

14 14 14 14 14 14 14 14

14 14 14 14 14 14 14 14

15 TRACE THE NUMBER 16

15	15	15	15	15	15	15	15	15
15	15	15	15	15	15	15	15	15
15	15	15	15	15	15	15	15	15
15	15	15	15	15	15	15	15	15
16	16	16	16	16	16	16	16	16
16	16	16	16	16	16	16	16	16
16	16	16	16	16	16	16	16	16
16	16	16	16	16	16	16	16	16

TRACE THE NUMBER THEN WRITE THE NUMBER

15 15 15 15 15 15 15 15

15 15 15 15 15 15 15 15

16 16 16 16 16 16 16 16

16 16 16 16 16 16 16 16

17 **TRACE THE NUMBER** 18

17	17	17	17	17	17	17	17	17
17	17	17	17	17	17	17	17	17
17	17	17	17	17	17	17	17	17
17	17	17	17	17	17	17	17	17
18	18	18	18	18	18	18	18	18
18	18	18	18	18	18	18	18	18
18	18	18	18	18	18	18	18	18
18	18	18	18	18	18	18	18	18

TRACE THE NUMBER THEN WRITE THE NUMBER

17 17 17 17 17 17 17 17

17 17 17 17 17 17 17 17

18 18 18 18 18 18 18 18

18 18 18 18 18 18 18 18

19 **TRACE THE NUMBER** 20

19	19	19	19	19	19	19	19	19
19	19	19	19	19	19	19	19	19
19	19	19	19	19	19	19	19	19
19	19	19	19	19	19	19	19	19
20	20	20	20	20	20	20	20	20
20	20	20	20	20	20	20	20	20
20	20	20	20	20	20	20	20	20
20	20	20	20	20	20	20	20	20

TRACE THE NUMBER THEN WRITE THE NUMBER

19 19 19 19 19 19 19 19

19 19 19 19 19 19 19 19

20 20 20 20 20 20

20 20 20 20 20 20

21

TRACE THE NUMBER

22

21	21	21	21	21	21	21	21	21
21	21	21	21	21	21	21	21	21
21	21	21	21	21	21	21	21	21
21	21	21	21	21	21	21	21	21
22	22	22	22	22	22	22	22	22
22	22	22	22	22	22	22	22	22
22	22	22	22	22	22	22	22	22
22	22	22	22	22	22	22	22	22

TRACE THE NUMBER THEN WRITE THE NUMBER

21 21 21 21 21 21 21

21 21 21 21 21 21 21

22 22 22 22 22 22

22 22 22 22 22 22

23 TRACE THE NUMBER 24

23	23	23	23	23	23	23	23	23
23	23	23	23	23	23	23	23	23
23	23	23	23	23	23	23	23	23
23	23	23	23	23	23	23	23	23
24	24	24	24	24	24	24	24	24
24	24	24	24	24	24	24	24	24
24	24	24	24	24	24	24	24	24
24	24	24	24	24	24	24	24	24

TRACE THE NUMBER THEN WRITE THE NUMBER

23 23 23 23 23 23

23 23 23 23 23 23

24 24 24 24 24 24

24 24 24 24 24 24

25 TRACE THE NUMBER 26

25	25	25	25	25	25	25	25	25
25	25	25	25	25	25	25	25	25
25	25	25	25	25	25	25	25	25
25	25	25	25	25	25	25	25	25
26	26	26	26	26	26	26	26	26
26	26	26	26	26	26	26	26	26
26	26	26	26	26	26	26	26	26
26	26	26	26	26	26	26	26	26

TRACE THE NUMBER THEN WRITE THE NUMBER

25 25 25 25 25 25

25 25 25 25 25 25

26 26 26 26 26 26

26 26 26 26 26 26

27 TRACE THE NUMBER 28

27	27	27	27	27	27	27	27	27
27	27	27	27	27	27	27	27	27
27	27	27	27	27	27	27	27	27
27	27	27	27	27	27	27	27	27
28	28	28	28	28	28	28	28	28
28	28	28	28	28	28	28	28	28
28	28	28	28	28	28	28	28	28
28	28	28	28	28	28	28	28	28

TRACE THE NUMBER THEN WRITE THE NUMBER

27 27 27 27 27 27

27 27 27 27 27 27

28 28 28 28 28 28

28 28 28 28 28 28

29 **TRACE THE NUMBER** 30

29	29	29	29	29	29	29	29	29
29	29	29	29	29	29	29	29	29
29	29	29	29	29	29	29	29	29
29	29	29	29	29	29	29	29	29
30	30	30	30	30	30	30	30	30
30	30	30	30	30	30	30	30	30
30	30	30	30	30	30	30	30	30
30	30	30	30	30	30	30	30	30

TRACE THE NUMBER THEN WRITE THE NUMBER

29 29 29 29 29 29

29 29 29 29 29 29

30 30 30 30 30 30

30 30 30 30 30 30

31

TRACE THE NUMBER

32

31	31	31	31	31	31	31	31	31
31	31	31	31	31	31	31	31	31
31	31	31	31	31	31	31	31	31
31	31	31	31	31	31	31	31	31
32	32	32	32	32	32	32	32	32
32	32	32	32	32	32	32	32	32
32	32	32	32	32	32	32	32	32
32	32	32	32	32	32	32	32	32

TRACE THE NUMBER THEN WRITE THE NUMBER

31 31 31 31 31 31

31 31 31 31 31 31

32 32 32 32 32 32

32 32 32 32 32 32

33 TRACE THE NUMBER 34

33	33	33	33	33	33	33	33	33
33	33	33	33	33	33	33	33	33
33	33	33	33	33	33	33	33	33
33	33	33	33	33	33	33	33	33
34	34	34	34	34	34	34	34	34
34	34	34	34	34	34	34	34	34
34	34	34	34	34	34	34	34	34
34	34	34	34	34	34	34	34	34

TRACE THE NUMBER THEN WRITE THE NUMBER

33 33 33 33 33 33

33 33 33 33 33 33

34 34 34 34 34 34

34 34 34 34 34 34

35 **TRACE THE NUMBER** 36

35	35	35	35	35	35	35	35	35
35	35	35	35	35	35	35	35	35
35	35	35	35	35	35	35	35	35
35	35	35	35	35	35	35	35	35
36	36	36	36	36	36	36	36	36
36	36	36	36	36	36	36	36	36
36	36	36	36	36	36	36	36	36
36	36	36	36	36	36	36	36	36

TRACE THE NUMBER THEN WRITE THE NUMBER

35 35 35 35 35 35

35 35 35 35 35 35

36 36 36 36 36 36

36 36 36 36 36 36

37 **TRACE THE NUMBER** 38

37	37	37	37	37	37	37	37	37
37	37	37	37	37	37	37	37	37
37	37	37	37	37	37	37	37	37
37	37	37	37	37	37	37	37	37
38	38	38	38	38	38	38	38	38
38	38	38	38	38	38	38	38	38
38	38	38	38	38	38	38	38	38
38	38	38	38	38	38	38	38	38

TRACE THE NUMBER THEN WRITE THE NUMBER

37 37 37 37 37 37

37 37 37 37 37 37

38 38 38 38 38 38

38 38 38 38 38 38

39 TRACE THE NUMBER 40

39	39	39	39	39	39	39	39	39
39	39	39	39	39	39	39	39	39
39	39	39	39	39	39	39	39	39
39	39	39	39	39	39	39	39	39
40	40	40	40	40	40	40	40	40
40	40	40	40	40	40	40	40	40
40	40	40	40	40	40	40	40	40
40	40	40	40	40	40	40	40	40

TRACE THE NUMBER THEN WRITE THE NUMBER

39 39 39 39 39 39

39 39 39 39 39 39

40 40 40 40 40 40

40 40 40 40 40 40

www.ingramcontent.com/pod-product-compliance
Lightning Source LLC
LaVergne TN
LVHW081510060526
838201LV00056BA/3032